바람은 머물지 않는다.

김 사강 - 9집 -

바람은 머물지 않는다.

김 사강 - 9집 -

■

인사의 말

한 번
두 번
어떤 것도 자주 하다 보면
버릇이 된다 하던가

나의 뻔뻔함이
이제는
버릇이 되나 보다

보답은 못하고
자꾸만 의지만 하니.

신아출판사 서 정환 사장님께
깊이 감사드린다.

초명사강

머리글

한동안 책은 내지 않으려 했다.

해서
한동안 글도 내려놓고
밥 버는 것에 힘쓰기로 했으나
그도 여의치 않아
고민하던 중에

글을 써야만 하는
이유가 생겨서 부랴부랴
쓴 글이어서
조금은 억지스러울 수도 있으나
미리 써 놓은 글도 없고 해서
어쩔 수 없이 편수만을 채우는데
힘썼다.

원고 기한이 시월이 마지막이라 하니
어쩔 수 없었다 하는 건
변명이요
나의 게으름에서 오는 서툰 구실일 수 있다.

여하튼
두 달도 아니 되는 동안에 책 한 권을 만들자니
글의 질을 떠나서
부질없이
양만 늘려 놓은 꼴이 아닌지
부끄럽다.

나의 부끄러움을 널리 양해 바란다.

시호림 초천재에서
초명사강

차 례

인사의 말 _ 005

머리 글 _ 006

문득 _ 014
어느 의사의 십 개월 _ 015
초가을 _ 019
어느 여행자의 별 이야기 _ 021
죽음 _ 023
윤회 _ 025
나오지 않는 시 _ 027
프로포즈 _ 028
죄와 벌 _ 032
전쟁 _ 034
별 _ 036
종말 _ 037
창조 _ 039
지구 _ 041
희망 _ 043
결단 _ 044

취중광시醉中狂詩 _ 046
노부부 _ 048
도시 _ 050
종희네 _ 051
참회 _ 053
십자가 _ 054
혼돈의 시대 _ 055
부부 _ 057
가뭄 _ 059
천수네 참새 _ 060
빼다귀 감자탕 _ 062
지중해 _ 064
여행지에서 온 편지 _ 066
휴화산 _ 068
질경이 _ 070
군함도 _ 071

5월 어느 날 _ 073
회상 _ 075
영안실에서 _ 077
모순 _ 079
짐승 _ 080
소문 _ 081
성형수술 _ 082
성형수술 _ 083
노인 _ 084
푸줏간에서 _ 085
이별 _ 087
마음 _ 088
봄날 _ 089
문명 _ 090
푸념소리 _ 091
소망 _ 092

서천에서 _ 093
희망 _ 094
풍경 _ 096
길 _ 097
길 _ 098
길 _ 099
길 _ 100
길 _ 101
길 _ 102
길 _ 103
길 _ 105
길 _ 106
길 _ 107
길 _ 108
길 _ 109
길 _ 110

길 _ 111
길 _ 112
길 _ 113
길 _ 114
길 _ 115
길 _ 116
길 _ 117
길 _ 118
길 _ 119
길 _ 120
이것은 시가 아니니 _ 121
이것은 시가 아니니 _ 122
이것은 시가 아니니 _ 123
이것은 시가 아니니 _ 124
이것은 시가 아니니 _ 125
마지막 잎새 126

꼬리글 _ 128

문득

시간이
흐르고 흘러서
어느 날

문득
깨닫게 된다

부질없다는 것을

부질없이 아파했고
부질없이 슬퍼했고
부질없이 괴로워했고
부질없이 외롭고 쓸쓸한

그리고
시간이
흐르고 흘러서

문득
깨닫게 된다

낙엽이 가지에서
맥없이
손을 놓아버린 까닭을.

어느 의사의 십 개월

이 손 아래
죽기까지

그럴 수밖에
없었던

아파도
아파도
절박해도
절박해도

다 죽어서 와야만 했던

그렇게 살 수밖에
없었던

다 죽어 와서
이 손 아래
죽기까지

그렇게 살 수밖에
없었던

그녀에겐
지켜야 할
아이가 있었다

십 개월
암 투병

기로에서
지켜야 할
아이가 있었다

내가
할 수 있었던 건

한 사람을 죽여야 했고
한 사람을 살려야 했다

십 개월
암 투병

기로에서

나는
한 사람을
죽이고
한 사람을
살렸다

나는
한 여인을
죽이고

그녀는
한 아이를
살렸다.

초가을

낮에는
매미가 울고

밤에는
귀뚜라미가 울더라

노래하는 매미가
노래하는 귀뚜라미가
한 종족 같아서

계절이 없는
아프리카 오케스트라와
협연을 부탁했는데

귀뚜라미가
매미가

한 종족이 되어
하나로
노래하는

귀뚜라미가
매미가
아름답더라

보기에 딱 좋더라.

어느 여행자의 별 이야기

내가
사막을 떠돌 때

해가 지고
달이 뜰 때

사막의 모래
절반을 퍼 올려

한 줌
한 줌 모래를
하늘에 내둘러 뿌렸는데

그게
지금
하늘에 반짝이는
별 이라오

정 내 말이 의심 든다면
사막의 모래와 별을 세어보시오
한 치 오차도 없이 같을 것 이오

내가
사막을 떠돌 때

해가 지고
달이 뜰 때

내가 뿌린
한 줌 모래가

지금
하늘의 별이라오.

죽음

죽고자 하는 것은

살고자 하는 마음이
너무 커서
죽고자 하는 것이라

어느 날엔가
문득

세상의
처음과
끝을 다 보게 되리니

처음과
끝은
죽음이 두려워 자살하는 나다

산다는 건
죽음을 꿈꾸는 거다

살고 싶어서
살고 싶어서

절실하게
자살하는 거다.

윤회

내가
산책길에
새움 돋은 봄을 보았소

내가
산책길에
풀 한 포기를 보았소

내가
산책길에
꽃을 피운
풀 한 포기를 보았소

내가
산책길에
꽃이 시들고
풀이 시드는 걸 보았소

그 이듬해

나는
산책길에
새움 돋는 봄을 보았소.

나오지 않는 시

써지지 않는 시를
붙들고
여러 날

아무도 읽어주지 않는
아무도 거들떠도 보지 않는
나의
삶이

나를 붙들고
구걸하듯
사는
세상이

오늘도
나오지 않는 시를
붙들고
구걸을 한다.

프로포즈

요새
젊은이들이 하는
프로포즈

여자에게
무릎 꿇고 반지 하나 건네며

사랑한다.
결혼해 줄래.

그런
프로포즈

드라마에서
많이 봤다

세월이 흘러
가물가물하지만

그런
프로포즈

생각해보니

젊은 한때
나도 해봤다

똥인지
된장인지 구별도 못하냐고
나를
못 믿느냐고

술집에서
시 이야기 하다가

내 마음이
똥인지
된장인지 모르겠냐고

해삼 하나 썰어 놓고
소주 한 잔 할 적에

내게 오면
손에
물 한 방울
묻히지 않게 하겠다고

나도
요새
젊은이들
하듯이
프로포즈를
한 것도 같다

그런 걸 보면
요새
젊은이나
나나
별 다른 게 없더라

그때
아내는

찍어 먹어 봐야 알겠다 하더라.
된장인지
똥인지.

세월이 흐른
지금

살다보니

아내의
손에서
물 마를 날 없더라.

죄와 벌

개가
사람을 죽였다면

개가 사람을
먹었다면

사람이
개를 죽였다면

사람이
개를 먹었다면

죄가 될까

살생한 것에 죄를
물어야 하는데

형평성은 어디

죄가 될까

누구에게 벌을 주고
죄를 물어야 하는가

개가
사람을
사람이 개를 죽이고 먹었다

죄가
될까

죄는 누구에게 물어야 할까.

전쟁

닭이 죽고
개가 죽고
돼지가 죽고

그렇게 사람이 죽었다

닭을 죽이고
개를 죽이고
돼지를 죽이고

그렇게 사람이 죽였다

사람을 죽이고
돼지를 죽이고
개를 죽이고
닭을 죽이고

그렇게
사람이 사람을 죽였다

사람이
사람을

죽이고
죽이는 것이 버릇이 되었다
일상의 버릇이 되었다

태초
살인이 있었느니
카인이
동생 아벨을 죽이니
그게
첫 살인이요
첫 전쟁이니

사람은
그 카인의 후예라.

별

하늘에
무심한 별이
사막의 모래알과 같다는데
나의 사념도 그만하니
이 밤
잠도 오지 않아라.

종말

사람은
나서부터 다투었고
전쟁은
끊이지 않았으니

수 천 년
수 만 년
물길이 바뀌고
땅이 바뀌고
하늘이 바뀌어도

사람은
전쟁을 멈추지 않았느니

급기야
종말에 이르니
살아남은 자가 없더라

세상은
공허로 가득 찼고
태초
이전으로 돌아갔더라

신은
창조를 멈추었나니
다시
이 땅에 생명을 두지 않았다.

창조

전쟁으로
폐허가 된 땅에

여자
하나가

남자
하나가

알몸이다

그들은
다툼을 몰랐고
부끄러움도 몰랐느니

이름이
아담과 이브라

폐허의 땅에서
그들은

알몸이다

그들은
배고픔도 몰랐고
아픔도 몰랐느니
욕심도 몰랐다

여자
하나가

남자
하나가

알몸이다

이름이
아담과 이브라

로봇이었다.

지구

전쟁으로
이 땅이
종말이어도
해와 달은
그대로였다

별빛은
암흑 속에서
더욱 빛났다

달에서 보던
푸른
별
지구는

예전의 별이 아니다

생명은 없고
다시는
푸를 수 없는

검은 별이다

폐허의 땅이
시커멓게
녹슬어 간다

희망

아담은
이브는
잠도 자지 않았다

저녁이면
달을 보았고
별을 보았다

낮이면
해를 보았고

그렇게

아담은
이브는
한자리에서

그렇게
녹이 슬었다.

결단

마지막
마지막으로

한 여자가
한 남자가
쓰러졌을 때

그리하여
흙으로 빚어진
모든 생명이
꺼졌을 때

아담이
이브가
바람에 흩어질 때

신은
떠났다

신은
그 뒤로
생명을 빚지 않았다.

醉中狂詩 취중광시

내게는
버릇이 하나 있다
느닷없이 시 원고가 필요하면

막상
나는 시를 쓰지 않는다
나는 술을 마신다

시를 쓰려고 하면
시가 나오지 않는다
시를 쓰지 않는다

대신
나는 술을 마신다
내가 술을 마시는 건
술을 마시면 술술
시가 쓰여지는 까닭에서다

닫혔던 문이 열리고
닫혔던 문이 열리고

시가 나온다

정신이 열리고
닫혔던 세상이 열리고

나는 시를 쓴다

내가
시를 쓰는 건
술을 마시는 거고

내가 술을 마시는 건
시를 쓰는 게다

시는
술이요
세상을 여는 열쇠다
비틀리고 뒤틀린 세상을 여는.

노부부

내가 20여 년 전
교동에 살 적에
오다가다 인사하는
노부부가 있었어라

하루에 한 번
두 손 꼭 잡고
교동 남천다리 앞 국밥집에서
국밥 한 그릇씩
시켜놓고 이 홉짜리 소주 한 병
시켜놓고
도란도란 반병씩
나눠 마시고

두 손 꼭 잡고
집으로 돌아가던
노부부

내가
지금 생각하면
그때 그 노부부가 나였을 게다
그때 그 노부부가 내 아내였을 게다

가끔
교동 남천다리를 지날 때마다
그 노부부를 그리는데
그 노부부는 아니 보이더라

어디 이사 간 걸까
어디 이사 간 걸까

지금
생각하면
그때 그 노부부가 나인 게다
그때 그 노부부가 내 아내인 게다.

도시

소돔과 고모라 같은
신문지에
녹이 슨 잎새 같이 나뒹구는
화사한
플라스틱 조화

정신이상자가
흘리고 간
언어
신은 죽었는가
침묵하는 것인가

예배당
종소리
황사처럼 날아와 쌓이고

고대
이집트 피라미드 같은
도시 아이들은
표정 없는
마네킹을 닮아간다.

종희네

고향마을 언덕에
햇볕도 잘 드는 양지바른 곳에
상고머리 깍은 듯이 잔디가 참 곱게도
푸르던 곳이 종희네 아버지 무덤이었는데

봄이면
진달래가 유난히 곱게도 피던 곳이었다.

종희네가 서울로 이사 나가서
돈을 좀 모았다는 소문이 있은 뒤
종희네 아버지 무덤도
돈 많은 사람만 들어간다는
납골당 아파트로 이사를 갔는데

소문이 서울까지 어떻게 갔는지는 몰라도
그 무덤자리가 명당이라고
서울서는 아는 사람 모르는 사람 다 안다고
소문이 파다했다는데

지금은
종희네 아버지 이사 간 무덤자리에
서울에서 온 아무개
돈 많은 집 아버지가 들어와 누워있다

그 뒤로
알게 모르게 알음알음 동네에
쉬쉬 떠도는 소문이 있었는데

종희가
지 아버지 무덤을
서울 내로라하는 부자에게 팔아서
그래서 부자가 되었다더라고

그 소문이 정말인지 어떤지 모르겠지만
아무튼
사돈이 땅을 사면
배가 아프다더라.

참회

내 믿음엔
도마의 피가 흐르고

혹한에 야위어가는
별빛같이
고뇌에 야위어가는
나의 영혼

나의 관념은
닫힌 문

믿음으로 두드리면
열린다는
천국의 문 앞에서
도마의 의심은
내 피로 돌아

새벽닭이 울면
베드로의 눈물이
내 눈에 흐른다.

십자가

가화사한
독사의 혓바닥에
온 몸엔
징그러운 죄가 흐르고
시뻘건 피가 흐르고

신은 죽고

까맣게 타버린 태양은
희망을 품은 절망 속에
침몰하는 난파선

나도 십자가를 지고
침몰해 가다.

혼돈의 시대

하늘이 설움처럼 푸르른 날
사는 것이 무서워 태엽을 멈춰버린 시계
아래서
나는 혼돈을 마신다

공동묘지 무덤 속 같은 마을에서
살아 있는 자를 위하여
죽은 자들과 술을 마신다

태엽을 멈춰버린 시계처럼
그들은 이야기한다.
진리가 숨어버린
진실이 숨어버린
혼돈의 시대를
어느 누구도 침묵으로 이야기한다

어둠이 머무는 밤길을 비틀거리며
그들과 헤어져
가도 가도 가없는 밤길을 나는 홀로 간다
세상이 비틀거린다
내가 취한 것인지
세상이 취한 것인지
마시기는 내가 마셨는데

아무렴
혼돈의 시대에
누가 취하든 무슨 상관이랴
가만히 있어도 취하는 세상인데.

부부

내 아내는
방귀를 자주 뀌는데
오토바이 마흐라 구멍 난 소리처럼
요란하다

나이가 들면서
아내는
거침이 없다
욕심도 부끄러움도
다 내려놓고
허심탄회
격도
없이
내 아내는 나의 벗이 되었다

부부라는 게
한곳을 바라보고
한곳으로 향하는 벗이 되는 것인가 보다

아내의 방귀 소리에
귀가 멀었는지
아름다운 이명이 들리는 걸 보면
부부라는 거
벗이 되어가는
한곳으로 향하는 거
한곳을 바라보는 거

아내는 방귀를 자주 뀌는데
오토바이 마후라 구멍 난 소리처럼
뀌는데
내 귀에는
아름다운 이명으로 들린다.

가뭄

지독한 가뭄이다
가슴 타는 목마름은
급기야 쩍쩍 갈라졌다

바싹 마른 논바닥을
하염없이 바라보던 천수는
하늘을 올려다보더니

하늘이 하는 일을 누가 말려
하늘이 하는 일을 누가 말려
그래도 밥은 먹여 주겠지

뙤약볕 식을 줄 모르는
논바닥에서
새카맣게 타버린 가슴을
쓸어 담는다.

천수네 참새

천성이 좋은 천수네 논에는
유난히 참새들이 많다

농부의 발소리에 벼가 자란다고
유난히 부지런을 떨어 지은 천수네 논이다

알이 통통히 밴 벼 모가지가
고개를 숙일 때면
천수네 논에서는 동네 참새들이 요란하다

그래도
맘씨 좋은 천수는
절대 참새를 내치지 않는다.

나락을 저리도 쪼아 먹는데
힘들여 고생고생 지은 농사인데
참새를 왜 내치지 않느냐고
남들이 뭐라고 해도

지들도
세상에 낳으니
살겠다고 저리도 부지런을 떠는데
나눠 먹어야지
나눠 먹으니 맘이 편안하다고
천수는 헤실헤실 웃는다.

뼈다귀 감자탕

뼈다귀 감자탕을 먹다보면
누렁이의 심정을 이해할 듯도 싶다
맛있다

예전에 키우던 개
누렁이가
뼈다귀 하나를 가지고
핥고 뜯고
하루 종일 그거면
잘도 놀았다

뼈다귀에 붙은 살을
뜯어 먹으며 누렁이는
누렁이는
우리 집에서 몇 년을 같이 살아
집을 잘도 지켰는데
어느 날인가 개 도둑이 훔쳐갔다

지금 생각해보면
개 도둑이 뼈다귀로 누렁이를
유인했을지도 그런 생각이 든다

뼈다귀 감자탕을
먹다보면
유난히 뼈다귀를 좋아하던
누렁이의 심정을 이해하게 된다
맛있다.

지중해

지옥 같아서
지옥 같아서
사는 게 지옥 같아서
나라를 버리고
고향을 버리고
죽음으로
죽음으로
난민들은 지중해를 건넌다

지중해여
평화는 올 것인가
죽음으로 대신하는 삶이여
온전한 삶은 올 것인가

시리아
이라크
아프가니스탄

난민들은
오늘도
죽음으로
죽음으로
지중해를 건넌다

살고 싶어서
살고 싶어서
죽음으로
죽음으로
지중해에 뛰어든다

살아도 사는 게 아니어서
죽어도 죽는 게 아니어서.

여행지에서 온 편지

사강
나는 여행 중이오
선덕여왕이 다스린다는 경주에 들렀더니
진성여왕이 다스리고 있었소
나라는 쇠하였고
군웅이 일어나
숨통은 이미 경각이었소
내가 경주를 떠나
전주로 돌아왔을 때는
이 나라가
성군 세종대왕이 다스린다는
조선이라고도 하고
대한제국의 국조인 고종이
다스리는 나라라고도 하고
소문만 무성 하오

사강
지금은 여행 중이고
아직은 불편함이 없이 지낼 만하오
나는 여기에 남아
이곳이 어떤 세상인지 좀 더 돌아보고

그대 사는 세상에 들러볼까 하오
이 나라의 정세가 불안하고 어지럽긴 하지만
아직은 지낼 만하오

사강
그대 사는 세상은 어떠시오
만나면 회포나 풀기로 하고 이만 줄이오
건강하시오.

휴화산

한반도는
휴화산이다

언제고 터질 수 있는
언제 터질지 모르는
로마
정치인은
전쟁을 일으키고
남아 싸우는 건
국민들이다

휴화산은
아주 능청스레 평화롭다가
순간이다

언제 터질지 모르는
언제고 터질 수 있는

한반도의 지각이
변하고 있다
뒤틀림이 시작되고
분화구는 언제든 터질 준비가 되어있다

이제는
언제든
로마 베수비오 화산처럼
돌변할거다

폼페이의 최후의 날이
한반도의 그날이

로마
정치인은
휴화산에 불을 댕기고
국민들은
화산재에 덮여 화석이 된다.

질경이

힘 있는 자는
짓밟고
힘없는 자는
짓밟힌다

질경이라
납작 엎드려 살아도
짓밟히는 건
여전하구나

그래도
용케 살아
살아남아서
네 영토를 지키고 있구나
네 영토는 지켰구나

밟혀 살아도
이 땅의 주인은
너다.

군함도

역사는
진실을 숨기고
승자의 화려한 이력만을
기록하고 기억한다

군함도에는
분명히
일본에 의해
강제로 강압에
끌려가
굶어죽은 조선인이
맞아죽은 조선인이
혹독한 노동에 말라죽은 조선인이
학대에 시달리다 죽은 조선인이
수없이 많았다

개같이 살다가
개같이 죽은 조선인이

일본
일본제국주의에 의한
일본의 치 떨리는
살인마의 만행이
거기 있었다

이제라도 밝혀야한다
증명해야한다
기록해야한다
진실은 기록되어야한다

역사는
진실을 외면하지만
진실을 왜곡하지만

우리는 기억해야한다
우리는 기록하고
우리는 기억해야한다

역사는 진실을 기억하지 않는다.

5월 어느 날

바람 불더니
무겁던 하늘이 급기야
무너져 내리다

비둘기
날갯짓이 슬픈
5월
어느 날

나는
어디
빗속을 그리 헤매는가

누군가
부르는 것 같아 뒤를 돌아보지만
아무도 없다

한 무리
비둘기 날아가고
비는 멈추고

은 푸른
하늘이 내다보인다

찔레꽃이
곧 벌려나보다.

회상

한 평 남짓 후미진
골방에서
한 치도
혼자이고 싶지 않았다

눈 위에
피 뿌리듯
차갑고
무섭기만 한 세상

살얼음 제겨디뎌온
스물 셋의
젊은 나이로

채우지 못한 고독에
어느 날
얼마나 괴로워 울었던가

실오리 빛도 없어
가없는 겨울밤
손 뻗어 쥐어보는 한줌 빛
허공 저었다가 거두는 빈 손

봄은 어데 가 이리 더디 오는가
봄은 어데 가 이리 더디 오는가

서글픈 젊은 나이
스물 셋.

영안실에서

죽어가면서도
그래야만 했는가
죽어가면서도

세상
미련과
욕심을 내려놓지 않았느니

그대
욕심대로
세상 것 다 가져가시게

미련이
남았거든
세상에 남아
남아서

그대
욕심 다 채우시게

죽어서도
그래야만 했는가
죽어서도

미련하고
미련한 게 사람이라지만.

모순

사람은 끝없이
구속되길 원한다
사람은 끝없이
자유를 갈구한다

사람은 구속에서
자유로울 때 불안해 한다
사람은 자유에서
구속될 때 불안해 한다

사람은 구속에서
자유로울 때 편안해 한다
사람은 자유에서
구속될 때 편안해 한다

사람은 끝없이
구속되길 원하고
자유를 갈구한다
자유를 원하고
구속을 갈구한다.

짐승

사람은
위선의 옷을 걸치고
사람이라 불리지만
결국 짐승이다

사람은
음모의 옷을 걸치고
특별하다 생각하지만
결국 짐승이다

짐승은
신에 가깝고
사람은
짐승에 가깝다

짐승은
아무데서나 교미를 하고
아무데서나 자유 한다.

소문

음모로 성형한 얼굴이다
하늘을 가리고
참보다 더 참 같은 모습으로
형체도 모를 또 다른 얼굴로
본디 모습은 도려내고 속내까지 바꿔서
가면으로
유령처럼
떠돌다가 떠돌아서
그리 떠돌다가
순간
비수를 품고 바람처럼 돌아 와
하늘을 가리고
그 살기 섬뜩한 비수를
결국
살인을 도모한다.

성형수술

善德이라 믿었더니
결국
眞聖이었구나.

성형수술은
한국이 세계제일이라지
중국에서도 난리라지

감쪽같은
마술이었어.

성형수술

眞聖이 죽고
王建이
광풍을 몰고서
초특급태풍으로
外勢는

내분에
분탕질에
甲질까지

얼마 지나지 않아
감쪽같이 바느질 잘 하는
의원님들

新羅는
성형으로 돈만 챙기지 말고
누더기 나라나 잘 꿰매라고

돈에 절여진 손으로
잘못 꿰맨 의원님 亡하다.

노인

노인은 TV를 본다,
TV는 혼잣말을 하고
노인도 혼잣말을 하고
노인은 잠이 들고
TV는 혼잣말을 하고
그리고
TV는 혼자 밤을 새우고
노인은 영 잠이 들고
TV는 혼자 웃고
방문은 닫혔다.

푸줏간에서

돼지 한 마리가
고깃덩어리가 되는 건
아무것도 아니야
파리 때려잡아 짓이기는 것보다
아주 쉽지
자랑삼아 우쭐대는
사람도 고깃덩어리가 되는
돼지가 한 근에 얼마냐고 묻는
사람도 한 근에 얼마냐고 묻는
돼지가 푸줏간에서
사람이 죽어나가는 돼지가
고깃덩어리가 되는 건
아주 쉽지
사람은 한 마리가 몇 근일까
한 근에 얼마냐고 돼지가
푸줏간에서 사람이 죽어나가는
돼지가 궁금해 할뿐
돼지 값을 치르고 사람 한 근 들고서
자랑처럼 칼로 난도질하며

고깃덩어리가 되는 건
아주 쉽지
푸줏간에서는
오늘도 고깃덩어리가
자랑을 한다.

이별

기억이 남아
그리울 때가 행복입니다

그리움이 남아
아파할 때가 행복입니다

세월이 흘러
먼 후일

기억조차 없을 날
그리움조차 없을 날

그날이 오면
그게 이별 이지요.
그때는 슬플 거예요.
그때는 아플 거예요.

지금이 사랑입니다

마음

이 순간이 생의 끝이라
그리 여기면

뭔들 소중하지 않으랴
아끼지 않으랴
사랑하지 않으랴

매순간
그대에게 향한 내 마음이요
사랑이외다.

봄날

비온 뒤
짙어오던 서러운 풀빛인데

앞산 뒷산
진달래
소쩍새는 피었다고

나물 캐는 처녀야

저기
화사한 봄날
홀로 가는 쓸쓸한 사내
누구기
저리도 서러운가

새움 욱은 풀 두렁을 버들피리
슬피 간다.

문명

불은
문명의 어머니
불은 필요하나니

프로메테우스의 전설은
아직도
불을 훔친 죄가 남아
프로메테우스의 간은
날카로운 독수리의 발톱에
피 흘리고

문명은
인간을 어디로 몰고 가는가

프로메테우스의 희생은
값없이
신이 죽어버린 시대에

문명 앞에
인간은 한없이 야위어만 가는가.

푸념 소리

깜박하면
그만이여
인생 별거 있어
뭐한다고
몸을 그리 혹사시켜
그것도 죄여
깜박하면
그만이여
인생 별거 아녀
인생 그런 거여
살다보면
다 살아져
그리 살다
때가 되면
소리 소문 없이
그리 가면 되는 거여
그게 인생이여.

소망

집에서
그리 멀지 않은 나들길에
싱싱한 물길이 흐르고

산으로 통하는 뒤뜰
오솔길 따라
사철 계절이 오가는

마당 곁에
소일 할 텃밭이 있어

풍요로운 들녘에
화목한 이웃이 사는

그런 곳에서
뿌리내려 살고 싶다.

서천에서

서천
만 리

꽃
하나
화사히

저물어
저물어

해도
달도
서천에

저무는
만리장천
노을이 고와라.

희망

몇 날을 구걸한 돈인데
몇 날을 굶어 모은 돈인데
술도 안 먹고
아껴 산 복권인데

미끄러진
롯또 복권 손에 쥐고
바라보고
보고보고 또 보고

우라질 재숫탱이
하늘에 삿대질을 하고서
침 한 번 내 뱉고
돌아 서며

빌어먹을
그 돈이면
소주가 몇 병이고
막걸 리가
몇 병이여

그의 푸념 소리가
지친 발소리를 따라
지하도 끝도 없는
허방의 계단을 내려간다.

풍경

산
숲
오두막

호롱에

불을
댕기고

해가
막
내 눈 안에
떨어지다.

길

길은
가는 이에게만
길이다

가는 이에게
길 아닌 곳은 없다.

길

길은
돌아오기 위하여 있는 게 아니다

가기 위하여 있는 것이다

길은
멈추는 걸 원치 않는다

길은
當到하기 위하여 있는 거다

길

길은
여러 갈래 길이 있다

길은 달라도
선택은 달라도
길은
통하고

길은
한 방향으로
통한다.

길

가다보면
벼랑도
막다른 곳도 있다

바람은 머무르지 않는다
타고 넘어 돌아
제 갈길 간다

바람은 머물지 않는다
소멸할지라도.

길

바람이 멈추는 건 소멸이다

가던 길
쉬어는 가도
멈추는 건 소멸이다

그 앞에
길은
더 이상
길이 아니다

누군들
천년길이 있다면
누리고 싶지 않으랴

길

길은
먼저 간 이가 있다

따라 가는 이가 있다

그리고

길은
그 뒤를 따라간다.

길

길은
처음도 끝도 없다
우주가 그러하듯이
어느 곳도
途中이다

떠난 곳이 처음이요
멈춘 곳이 나중이라
그래도
길은
도중이다

도중에
멈추는 이와
계속 가는 이가 있을 뿐

앞서 간 이도
뒤따라 오는 이도
다 도중이다

時空만 다를 뿐
길은
언제나
도중이다.

길

길은
가다가다
못가면

그때
그만하면 된다

길은
더 가라
강요하지 않는다

길은
길을
막지 않는다.

길

길은
혼자여도
함께여도 좋다

샛길도
먼 길도 좋다

길은
선택이지만

이리가나
저리가나

길로
통한다.

길

길은
지나간 길을
다시 가지 않는다

길은
길을 되돌아보지 않는다

길은
오지 않은 길을
가지 않는다

길은
지금을 간다

길은
지금이
오로지 길이다.

길

길은
가면 된다.

누구도 거부하지 않는다

가고자 하는
마음이면 된다

가다
잘못 들면
방향을 틀어 수정하면 된다

길은
누구에게나
열려있다.

길

길은
통로요
소통이다

막힌 곳도
가다보면
길이 되고

길 아닌 곳도
가다보면
길이 되니

길은
소통이요
통로다.

길

길은
거리를 재지 않는다

멀리 간다고
조금 간다고
상관하지 않는다.

가는 이가
가는 만큼
갈 수 있는
그만큼만

길은 거리가 아니라
當到다.

길

길은
길이 아닌 채로
거기 있다가

오가는 이가
있어
길이 되었다

길은
길이 아니다

오가는 이가
있어
길이다.

길

길은
바라봐주길
느껴주길
사랑해주길

그러고

길은
노래하고
향을 내고
빛깔로 춤을 추고

그러고

길은
길을 따라서 간다.

길

길은
험하고
외로울 수 있다

길은
설레고
즐거울 수 있다

길은
오가는 이의
마음이라

길은
오가는 이의
마음이
오가는 것이라.

길

길에
밟히는 질경이를
보라

그대
무심히 내딛는 발에
누군가는
고통이 되느니

길은
그런 곳이니

가끔
살펴 헤아려
아래를 보는 것도
좋으리.

길

길에서
시간은 의미 없다

목숨 줄은
하늘이 쥐었으니

먼저도 나중도 의미 없다

길은
항상
삶과 죽음이 같으니

나고
죽는

길에서
시간은 의미 없다

길은
항상 같으니.
단지 목숨이 오갈뿐.

길

길은
한번 디디면
아니 갈 수 없느니

길은
늦었다 말고
멈춤을 두려워해라.

길은
여러 갈래 같아도
항상
외길이다.

길

오다가다 만난이라고
무심하지마라

길에서
스친 인연
억겁의 세월이니

가벼이 여긴다면
억겁의 세월을
가벼이 여기는 것이니

길에서
만난 풀 하나도
인연이니

길은
인연이다

길

길은
행로요
여정이니
그
끝은 안식이라

길을 가다
멈춘 자리가
곧
저승이다.

길

길은
속도를 재지 않는다

느려도 좋고
빨라도 좋다
가는 이에게 상관하지 않는다

길은
속도가 아니라
방향이다

길

길은
어미 뱃속으로
통하고

길은
길에서
멈춘다.

이것은 시가 아니니

세상
어느 것도
모자람은 본디 것이 아니니
장점을 보고
칭찬을 아끼지 않으면
버려진
목석도 쓸모가 있으니
모자란 것은
모자라다 보는 것이
모자란 것이니
단점만 보고
질책하는 자라
쓰임새에 따라
세상 것은
낳으니
세상 어느 것도
모자란 건 없다

이것은 시가 아니니
쓰임새에 맞게 읽으면 된다.

이것은 시가 아니니

이는 모 드라마의 대사니

의술이 병에 이르지 못하니
정작 병을 고치는 것은
살고자 하는 병자의 마음이니
의술은 고작 거들 뿐이라
의술이 있어도
그 병에 이르지 못하여
살리고자 하는 병자를 잃었을 때는
잠도 아니 오고
밥도 넘어가지 않으니
자고로
살리면 좋고
고치면 좋은 게
의원이라

이것은 시가 아니니
의원님들
마음가짐이 이러하면 어떠하리.

이것은 시가 아니니

용서는
힘없는 자의 가난한
변명이다

용서는
힘없는 자에게서
나오고
힘없는 자의 비겁한
자기합리화의 정당화다

힘 있는 자는 용서를 모르고
힘없는 자는 어쩔 수 없이
용서한다.

이것은 시가 아니니
슬픈 현실이다.

이것은 시가 아니니

역사는
지배자의 기록이며
군림의 기록이다
역사는
피지배자가 흘린
피와 눈물의 흔적이고
그들이 흘린 피와 눈물로 쓴
지배자의 기록이다

이것은 시가 아니니
역사는
왜곡된 역사라.

이것은 시가 아니니

약조는
내가 내게 하는 것이라
큰 산과 같아서
움직일 수도
옮길 수도 없는 것이다

이것은 시가 아니니
경구라

지키지 못할 약조는
사상누각이라
스스로 깔려 묻히리라.

마지막 잎새

유난하게
뜨거운 여름을 보내고
몇 날을
시름하더니

풍란 잎이
한 잎
한 잎 떨어지다

이제는
마지막 한 잎만 남았다

오 헨리의
마지막 잎새는
지금도 남아 있을까

나의 절박한
시는
마지막 잎새

풍란의
남은 잎새 떨어지다.

꼬리 글

누군들 어디 머리고 싶지 않으랴.
꼬리고 싶으랴.
낳으니 사는 것이고
살자니 먹고 싸고
욕심내는 것 아니랴.

그게 사는 거 아니더냐.

공자 왈
맹자 왈 우습지 않으냐.
지금
잘 먹고
잘 싸는 게 중하지 않으랴.

개똥밭에 굴러도
하찮게 살아도
배부르고
등 따시다
그리 살다

지겨우면
사는 거
그만하면 되지 않으랴

그게 사는 거 아니랴.

시호림 초천재에서
초명사강

김사강 시집 - 9집 -
바람은 머물지 않는다.

※
인　　쇄　2017년 10월 25일
발　　행　2017년 10월 30일

※
지 은 이　김 사 강
펴 낸 이　서 정 환
펴 낸 곳　신아출판사

※
등　　록　1984년 8월 17일
주　　소　전주시 완산구 공북1길 16
전　　화　(063) 275-4000
e-mail　sina321@hanmail.net

값 9,000원

ISBN 979-11-5605-470-2 03810

이 도서의 국립중앙도서관 출판시도서목록(CIP)은 서지정보유통지원시스템 홈페이지(http://seoji.nl.go.kr)와 국가자료공동목록시스템(http://www.nl.go.kr/kolisnet)에서 이용하실 수 있습니다.(CIP제어번호: CIP2017027182)